Máquinas creativas

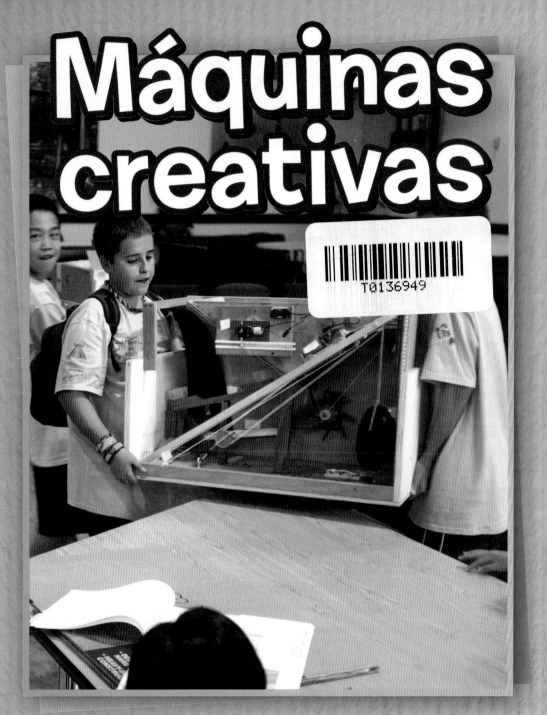

Dona Herweck Rice

※ Smithsonian

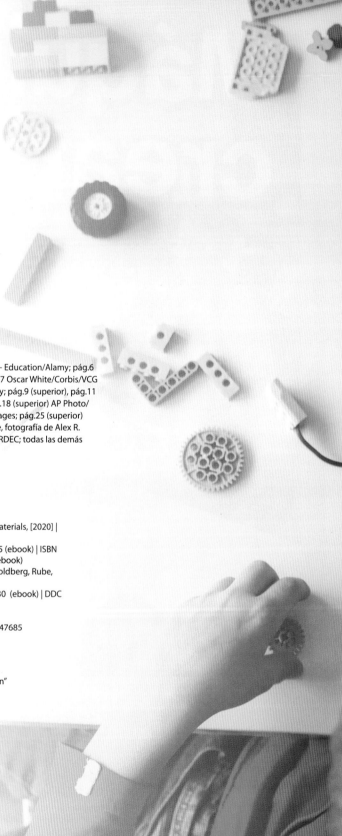

Autora contribuyente

Jennifer Lawson

Asesores

Tim Pula
Coordinador de exhibiciones interpretativas
Spark!Lab, Lemelson Center
National Museum of American History

Sharon Banks
Maestra de tercer grado
Escuelas Públicas de Duncan

Créditos de publicación

Rachelle Cracchiolo, M.S.Ed., *Editora comercial*

Conni Medina, M.A.Ed., *Redactora jefa*

Diana Kenney, M.A.Ed., NBCT, *Directora de contenido*

Véronique Bos, *Directora creativa*

Robin Erickson, *Directora de arte*

Michelle Jovin, M.A., *Editora asociada*

Caroline Gasca, M.S.Ed., *Editora superior*

Mindy Duits, *Diseñadora gráfica superior*

Walter Mladina, *Investigador de fotografía*

Smithsonian Science Education Center

Créditos de imágenes: portada, pág.1 David L. Moore - Education/Alamy; pág.6 (inferior) Library of Congress [LC-DIG-npcc-17319]; pág.7 Oscar White/Corbis/VCG a través de Getty Images; pág.8 Stamp Collection/Alamy; pág.9 (superior), pág.11 Granger Academic; pág.10 AP Photo/John Lindsay; pág.18 (superior) AP Photo/ Dave Umberger; págs.22–23 Jeffrey Coolidge/Getty Images; pág.25 (superior) Everett Collection/Alamy; pág.26 (inferior) U.S. Air Force, fotografía de Alex R. Lloyd; pág.27 U.S. Army, fotografía de Merv Brokke, AMRDEC; todas las demás imágenes cortesía de iStock y/o Shutterstock.

Library of Congress Cataloging-in-Publication Data

Names: Rice, Dona, author. | Smithsonian Institution.
Title: Máquinas creativas / Dona Herweck Rice.
Other titles: Creative machines. Spanish
Description: Huntington Beach, CA : Teacher Created Materials, [2020] |
    Includes index. | Audience: K to grade 3
Identifiers: LCCN 2019047684 (print) | LCCN 2019047685 (ebook) | ISBN
    9780743926447 (paperback) | ISBN 9780743926591 (ebook)
Subjects: LCSH: Machine design--Juvenile literature. | Goldberg, Rube,
    1883-1970--Juvenile literature.
Classification: LCC TJ230 .R50818 2020 (print) | LCC TJ230 (ebook) | DDC
    621.8/15--dc23
LC record available at https://lccn.loc.gov/2019047684
LC ebook record available at https://lccn.loc.gov/2019047685

☼ Smithsonian

Teacher Created Materials

5301 Oceanus Drive
Huntington Beach, CA 92649-1030
www.tcmpub.com
ISBN 978-0-7439-2644-7

Contenido

Construir una mejor ratonera

Si quieres untar mantequilla en el pan, lo haces con un cuchillo. Si quieres abrir la puerta, giras la manija y empujas. Si quieres atrapar un ratón, pones una trampa y esperas que se active. Pero ¿hay una manera mejor?

Hay una frase famosa que dice: "Construye una ratonera que funcione mejor, y el mundo se abrirá camino hasta tu puerta". Significa que todos querrán tener lo que tú hiciste. Pero si algo simple funciona bien, ¿siempre hay una manera de mejorarlo?

Esta ratonera puede lastimar a los ratones.

Esta ratonera no lastima a los ratones.

¡Hola, Rube!

El 4 de julio de 1883, nació un niño. Su nombre era Reuben Goldberg. La gente lo llamaba Rube.

De niño, a Goldberg le encantaba dibujar. Su padre pensaba que dibujar no lo ayudaría a tener éxito en la vida. Quería que Goldberg fuera **ingeniero**. Entonces, Reuben estudió ingeniería en la universidad. Pero su pasión por el dibujo nunca desapareció.

Más tarde, Goldberg renunció a su trabajo de buena paga como ingeniero. ¡Se convirtió en **historietista**! No ganaba mucho dinero, pero era el trabajo que quería hacer.

Goldberg con su esposa e hijos en 1929

Goldberg en la década de 1940

Goldberg dibujó muchas historietas. Algunas trataban sobre temas serios. Hacían pensar a la gente. Otras hacían reír a la gente. ¡Una de ellas hasta ganó un **Premio Pulitzer**!

Goldberg también se hizo famoso por sus dibujos de máquinas. Las máquinas usaban herramientas para hacer tareas sencillas de manera **compleja**. Hacían reír a la gente.

Uno de sus dibujos más famosos fue el de la máquina de servilletas. Goldberg dibujó una forma compleja de usar una servilleta. Su dibujo muestra una serie de causas y efectos. El hombre usa la servilleta sin tomarla con las manos.

Esta estampilla muestra la máquina "Servilleta automática" de Goldberg.

ONE OF OUR PATENT FANS AND KEEP COOL

Este dibujo de Goldberg muestra una manera graciosa y compleja de usar un abanico.

Tecnología e ingeniería

Causa y efecto

Los ingenieros piensan en las causas y los efectos. Saben que el agua en movimiento hace girar las ruedas de un molino de agua. Saben que el viento hace girar los molinos de viento. Deben saber que cada acción tiene una reacción. Eso les ayuda a saber qué esperar.

Goldberg dibuja su última historieta en 1964.

¡Goldberg pasaba más de 30 horas dibujando cada máquina!

Las máquinas de Goldberg eran famosas. Goldberg dibujaba cada una con un personaje al que llamó profesor Butts. Butts hacía cosas sencillas de una manera difícil. La gente no veía la hora de leer la siguiente historieta.

La gente llamó a sus inventos máquinas de Rube Goldberg. Cuanto más sencilla era la tarea, más probable era que Goldberg la convirtiera en una de sus máquinas. ¿Alguien tenía que rascarse una picadura de insecto? Butts podía ayudar. ¿Alguien necesitaba abrir una ventana? Butts también podía ayudar con eso. ¡Hasta hay una máquina para lavarse la espalda en la bañera!

Esta historieta de Goldberg muestra cómo exprimir una naranja.

Máquinas simples

En las historietas de Goldberg hay máquinas simples. Cada acción pone en marcha la siguiente. Cuando se unen, forman una máquina **compuesta**.

Una máquina simple hace que el trabajo sea más fácil. Puede cambiar la potencia de una fuerza. Puede cambiar su dirección. Ayuda a las personas a trabajar con menos esfuerzo. Las cosas pesadas pueden parecer livianas. Las máquinas simples hacen posibles todas esas cosas.

Las fichas de dominó suelen usarse como máquinas simples en las máquinas de Rube Goldberg.

La fuerza del agua hace girar esta rueda.

Sentir la fuerza

La fuerza es un empujón o un jalón que recibe un objeto como resultado de su interacción con otro objeto. Una persona o una máquina pueden aplicar una fuerza. Cosas como el viento y el agua también pueden hacerlo. Las máquinas de Rube Goldberg funcionan porque hay fuerzas en acción.

Empujar y jalar

Hay seis tipos de máquinas simples. Cada una de ellas empuja, jala o hace ambas cosas para realizar una tarea. Las seis máquinas simples se pueden clasificar en uno de dos grupos: palancas o planos inclinados. El grupo de las palancas incluye las palancas, las ruedas y **ejes**, y las poleas.

Una palanca tiene un punto de **equilibrio**. Al empujar o jalar de un extremo se puede mover una cosa que está en el otro extremo.

La rueda y eje es un tipo de palanca. Un objeto se mueve cuando se empuja o se gira la rueda o cuando se jala de ella.

La polea es otro tipo de palanca. Se tira de una cuerda o de otro objeto que rodea la polea para mover algo.

Un balancín es un tipo de palanca.

punto de equilibrio

Hay un punto de equilibrio dentro de esta polea metálica.

punto de equilibrio

punto de equilibrio

Este sistema de rueda y eje tiene un punto de equilibrio.

La cuña usa dos planos inclinados para partir esta madera.

Una patinadora baja por un plano inclinado.

16

El grupo de los planos inclinados incluye los planos inclinados, las cuñas y los tornillos. Un plano inclinado tiene una superficie en **pendiente**. Se puede empujar o jalar algo por el plano.

La cuña es un tipo de plano inclinado. Las cuñas pueden partir cosas. También pueden sostener objetos en su lugar. Hasta pueden levantar objetos.

El tornillo es otro tipo de plano inclinado. El plano inclinado se enrosca alrededor de un eje. El plano inclinado levanta o baja los objetos cuando el tornillo gira. El tornillo también usa su plano inclinado para unir objetos.

Este tornillo tiene un plano inclinado enroscado a su alrededor.

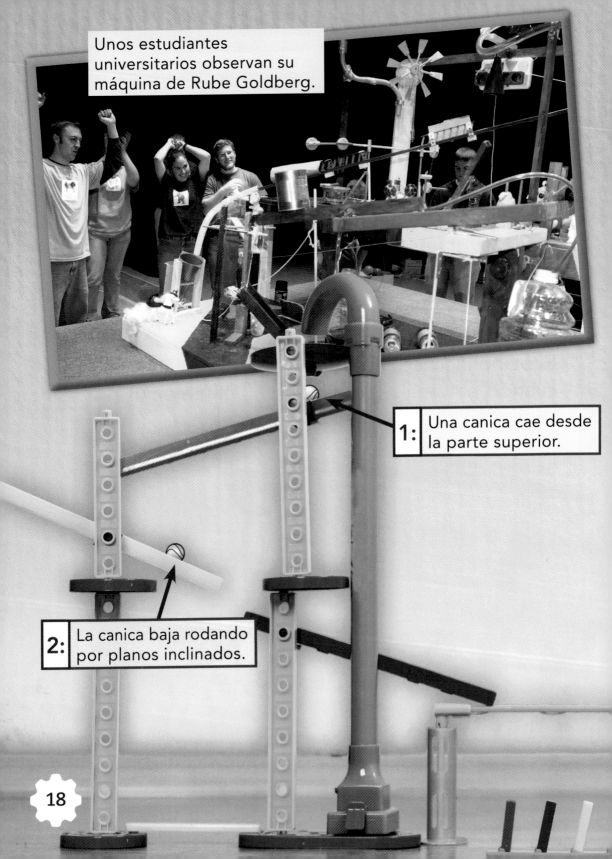

Unos estudiantes universitarios observan su máquina de Rube Goldberg.

1: Una canica cae desde la parte superior.

2: La canica baja rodando por planos inclinados.

Concursos anuales

Las máquinas de Rube Goldberg son máquinas compuestas. A la gente le encanta hacerlas. De hecho, todos los años hay concursos de máquinas de Rube Goldberg. Todos los **participantes** deben ser estudiantes. Cada año hay un desafío nuevo. Un año, la máquina tenía que clavar un clavo. Otro año, tenía que cerrar una cremallera. ¡Otro año tenía que armar una hamburguesa!

Hay reglas para todos los participantes. Las reglas explican cuántos pasos deben seguir las máquinas. También explican si las personas pueden ser parte de las máquinas. Los ganadores mantienen vivo el espíritu de Goldberg.

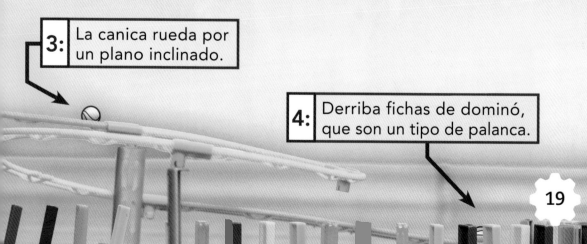

3: La canica rueda por un plano inclinado.

4: Derriba fichas de dominó, que son un tipo de palanca.

El primer concurso de máquinas de Rube Goldberg se realizó en una universidad en 1949. Ahora, los concursos se hacen en todas partes. Primero, los equipos compiten en concursos locales. Los ganadores de esos concursos pueden participar en un concurso **nacional**.

Para ganar, una máquina debe funcionar perfectamente dos de cada tres veces. Debe seguir un cierto número de pasos. El trabajo en equipo también es importante en la puntuación. Si una máquina se atasca, alguien puede ayudar. Pero el equipo perderá puntos. La máquina debe hacer el trabajo por su cuenta.

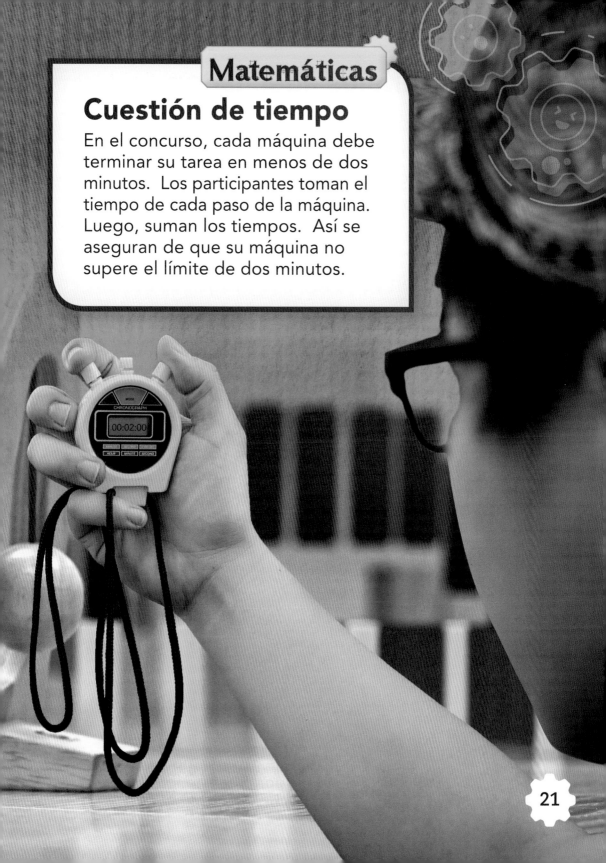

Cuestión de tiempo

En el concurso, cada máquina debe terminar su tarea en menos de dos minutos. Los participantes toman el tiempo de cada paso de la máquina. Luego, suman los tiempos. Así se aseguran de que su máquina no supere el límite de dos minutos.

Los materiales adecuados

Los participantes necesitan tener los objetos adecuados para hacer máquinas divertidas. Deben averiguar qué pueden hacer con cada objeto. Deben aprender sobre las causas y los efectos. Los participantes también deben saber cómo responden a las fuerzas los objetos que usan. Pueden cambiar la fuerza para cambiar un efecto.

En los concursos se usan objetos comunes. ¡La diversión está en cómo funcionan juntos! La mayoría de las máquinas usan bolas y cordeles. Otras usan cajas y tubos. También usan juguetes sencillos, como carros y bloques. Se puede usar cualquier cosa mientras haga una tarea en la máquina.

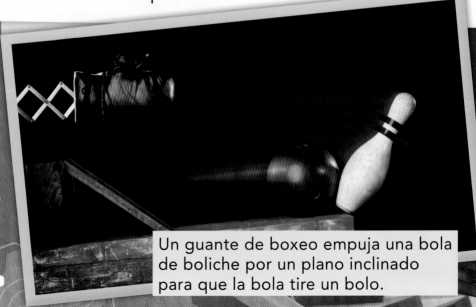

Un guante de boxeo empuja una bola de boliche por un plano inclinado para que la bola tire un bolo.

Esta máquina de Rube Goldberg enciende una luz.

Cada elemento de una máquina se pone en movimiento a su manera. Debe aplicar suficiente fuerza para mover el siguiente objeto. ¡Eso es importante! La máquina solo funciona porque cada parte pone en movimiento a la siguiente. Funciona a través de causas y efectos.

Imagina que una canica rueda por un tubo. En la parte de abajo, la fuerza de la canica en movimiento tira un soldado de juguete. El soldado de juguete empuja un bloque. El bloque cae sobre una palanca. La palanca lanza una moneda al aire. La moneda cae en una taza que está sobre un resorte. El resorte se hunde... y todo sigue en marcha.

En las películas

Una vez, Goldberg escribió el guion de una película llamada *Sopa para locos*. Allí aparecieron los Tres Chiflados por primera vez. Los Tres Chiflados se convirtieron en personajes muy famosos. Eran conocidos por las bromas que jugaban con las causas y los efectos.

¿Puedes construir una?

¿Cualquiera puede construir una máquina de Rube Goldberg? ¡Sí! ¡Pero se necesita mucha creatividad y mucha paciencia!

Dibujar una máquina es una cosa. Hacer que funcione en la vida real es otra. Cada parte debe funcionar bien y de la misma manera todas las veces. Lo importante es que la máquina complete una tarea final de una manera compleja. ¡Por eso esas máquinas son tan divertidas! Y tal vez Rube Goldberg se sentiría un poco orgulloso al verlas.

Estos estudiantes compiten en un concurso de máquinas de Rube Goldberg.

Un participante del concurso activa su máquina.

Cada año, la Sociedad Nacional de Historietistas otorga el Premio Reuben a un historietista destacado. El premio lleva el nombre de Goldberg.

DESAFÍO DE CTIAM

Define el problema

Crea y prueba una máquina para un mini concurso de máquinas de Rube Goldberg.

Limitaciones: Debes armar tu máquina en 20 minutos o menos.

Criterios: Tu máquina debe lanzar una moneda dentro de un vaso en menos de dos minutos. Debe estar hecha con al menos dos máquinas simples.

Investiga y piensa ideas

¿Qué ejemplos conoces de máquinas simples? ¿Cómo se pueden usar para hacer máquinas compuestas?

Diseña y construye

Trabaja en grupo para planear tu máquina. ¿Qué propósito cumple cada parte? ¿Cuáles son los materiales que mejor funcionarán? Construye el modelo en 20 minutos o menos.

Prueba y mejora

Prueba tu máquina. ¿La moneda cayó en el vaso? ¿Tu máquina tardó menos de dos minutos en completar la tarea? ¿Cómo puedes mejorarla? Mejora tu diseño y vuelve a intentarlo.

Reflexiona y comparte

¿Qué fue lo más difícil cuando construiste tu máquina? ¿Podrías haber usado más máquinas simples en tu modelo? ¿La máquina habría funcionado mejor o peor?

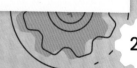

Glosario

compleja: que no es simple; que no es fácil de explicar ni de entender

compuesta: formada mediante la combinación de dos o más partes

ejes: las partes largas y angostas de las herramientas que sostienen cosas que giran

equilibrio: un punto en el que algo está estable porque el peso se distribuye de igual modo en todos lados

historietista: alguien que dibuja cosas para decir o hacer algo

ingeniero: una persona que usa la ciencia para diseñar soluciones a los problemas o las necesidades

nacional: de todas las áreas de un país

participantes: personas que compiten en concursos o competencias

pendiente: inclinación hacia arriba o abajo

Premio Pulitzer: uno de varios premios que se dan en Estados Unidos cada año a obras destacadas del periodismo, la literatura o la composición musical

Índice

Consejos profesionales
del Smithsonian

¿Quieres construir una máquina de Rube Goldberg?

Estos son algunos consejos para empezar.

"Explora cómo funcionan las cosas. Lee libros sobre máquinas para aprender a pensar de manera creativa". **—Tim Pula, inventor de exhibiciones interpretativas**

"Desarma cosas, pero ¡sin usar un martillo! Luego, diviértete armándolas de nuevo. Así aprenderás más sobre cómo funcionan juntas las máquinas simples". **—Arthur Daemmrich, director de Jerome and Dorothy Lemelson**